엘리스에게
- 팀 버케드

루시, 샬럿, 맥스에게
- 캐서린 레이너

Text copyright © 2021 by Tim Birkhead
Illustrations copyright © 2021 by Catherine Rayner
This translation of WHAT IT'S LIKE TO BE A BIRD is
published by Wonderbox
by arrangement with Bloomsbury Publishing Plc.
through KCC(Korean Copyright Center Inc.), Seoul.

이 책은 ㈜한국저작권센터(KCC)를 통한 저작권자와의
독점 계약으로 원더박스에서 출간되었습니다.
저작권법에 의해 한국 내에서 보호를 받는 저작물이므로
무단 전재와 복제를 금합니다.

새들은 어떻게 먹고, 느끼고, 사랑할까

글 팀 버케드
그림 캐서린 레이너
옮김 노승영

새가 된다는 건

원더박스

차례

배우지 않아도 날 수 있어요	4
가지 위의 문워크 춤(빨간모자무희새)	6
어두워도 볼 수 있어요(기름쏙독새)	8
강의 왕과 왕비(흑고니)	10
합창 연습(오스트레일리아까치)	12
아빠 배는 따뜻해(황제펭귄)	14
아무거나 먹지 않아(청둥오리)	16
태평양 한 번에 건너기(큰뒷부리도요)	18
귀 밝은 사냥꾼(큰회색올빼미)	20
어서 와, 여기 벌꿀이 있어(벌꿀길잡이새)	22
번개같이 하늘에서(매)	24

여우와 새(붉은다리자고새)	26
눈 미끄럼을 타요(큰까마귀)	28
하나, 둘, 출발!(미국오리발새)	30
바다에서 오징어 찾기(나그네앨버트로스)	32
영원한 친구(앵무)	34
마법 나침반(꼬까울새)	36
시끌벅적한 바닷새 마을(바다오리)	38
혀의 비밀(딱따구리)	40
슬픔 속에 희망 키우기(오목눈이)	42
수염을 건드리면 위험해(쏙독새)	44
새의 감각	46

배우지 않아도 날 수 있어요

눈을 감아 봐요. 새의 넓고 커다란 날개처럼 양팔을 벌려 봐요. 땅 위로 높이 솟아오른 모습을 상상해 봐요. 새벽 산들바람이 깃털을 간질이고, 높이 솟은 산봉우리가 인사하고, 아침 첫 햇살이 등 뒤에서 춤추고 있어요.

하늘 높이 올라가 황금빛 태양을 마주 보아요. 하늘을 나는 건 쉽고 근사해요. 여러분은 하늘을 날도록 태어났으니까요.

여러분은 새랍니다.

여러분은 하늘을 나는 꿈을 꾼 적이 있을 거예요. 하지만 정말로 하늘 높이 솟아오르는 독수리가 된다면 어떤 느낌일까요? 밤하늘을 떠다니는 올빼미가 된다면요? 우리는 시각, 청각, 미각, 후각, 촉각의 다섯 가지 감각으로 주변의 모든 것을 느끼고 이해해요. 새의 감각 중에는 우리와 비슷한 것도 있지만 매우 다른 것도 있어요. 새는 사람처럼 눈으로 세상을 보지만 대부분 눈이 머리 양옆에 있어서 두 가지 풍경을 한꺼번에 볼 수 있어요. 상상해 봐요!

새의 행동은 사람과 무척 달라요. 가을엔 남쪽으로 내려가고 싶어지고 봄엔 북쪽으로 올라가고 싶어진다면 어떤 기분일까요? 어떤 새들은 해마다 이런 기분을 느낀답니다. 폭풍우 치는 바다와 물보라 튀기는 고래 위를 가로질러 수천 킬로미터를 날아가면서도 집이 어디인지 정확히 안다고 상상해 봐요.

물론 날지 못하는 새도 있어요. 새들끼리도 다른 점이 무척 많답니다.

꽥꽥거리는 코카투앵무, 물장구치는 오리……

작은 몸집에 날개를 파닥거리는 보석 같은 초록색 벌새……

흙먼지 날리는 사막을 질주하는 **우람**한 타조를 머릿속에 그려 봐요.

새들에게는 놀라운 재능이 있어요. 열대 우림, 극지방의 싸늘한 바다, 질척질척한 늪까지 온갖 자연환경에서 살아가는 특별한 방법을 진화시켰죠.

전 세계의 새들은 적응하고 번성하려고 나뭇가지에 앉기, 깃털 고르기, 노래하기, 둥지 만들기 같은 특이하고 경이로운 솜씨를 개발했어요. 이 책에서는 지구상에서 가장 놀라운 새들의 생존 비법을 살펴볼 거예요.

이제 새가 된다는 게 어떤 느낌인지 함께 알아볼까요?

예쁜 무희새 암컷은 생김새가 수컷과 달라요.
고운 황록색 깃털은 우림의 나뭇잎과
구별되지 않지요.

가지 위의 문워크 춤

남아메리카와 중앙아메리카

   우림 깊숙한 곳에서 긴장한 무용수들이 팔짝팔짝 뛰며 차례를 기다려요. 빨간모자무희새 수컷들이에요. 나무 위쪽에서 가지가 흔들리고 잎이 바스락거려요. 위쪽 가지에서 빨간모자무희새 암컷이 기다리고 있어요.
   수컷 한 마리가 앞으로 나서요. 여리고 조그맣지만 무대 한가운데 서서 깃털을 한껏 부풀리면 암컷들의 시선이 집중되죠.
   지금은 짝짓기 철이어서 빨간모자무희새 수컷에게는 아주 중요한 임무가 있어요. 암컷을 유혹하여 짝짓기를 해야 하거든요. 수컷은 고개를 돌려 경쟁자들을 쳐다보고는 근사한 주홍색 깃털과 노란색 다리를 뽐내요.

공연이 시작됐어요. 수컷이 장난감 로봇처럼 시선을 고정한 채 가지에서 몸을 흔들어요. 고개를 숙이고 꼬리를 쳐든 채 문워크 춤을 추듯 앞뒤로 왔다 갔다 해요. 태엽 장난감처럼 우스운 동작에 매력을 느낀 암컷들이 가까이 다가가요.

성대한 피날레를 장식할 때가 됐어요. 수컷이 뛰어올랐다가 다시 가지에 내려앉더니 요란하게 딱딱 소리를 내어 관중을 감동시켜요.

딱!

수컷이 양 날개를 등 위에서 빠르게 부딪쳐 세 번 소리를 내요. 하도 빨라서 총소리처럼 들려요! 뒷걸음질하면서 또랑또랑한 딱 소리를 네 번 더 내는군요! 브라보!

딱! 딱! 딱! 딱!

암컷들이 춤 대회를 심사할 시간이에요. 심사위원들이 무용수 한 명 한 명의 소리와 동작을 평가한 다음 최고의 공연을 펼친 수컷을 선택해요.

짝짓기가 끝나면 빨간모자무희새 암컷은 알맞은 장소를 찾아 둥지를 틀고서 알을 낳을 준비를 한답니다.

어두워도 볼 수 있어요

남아메리카

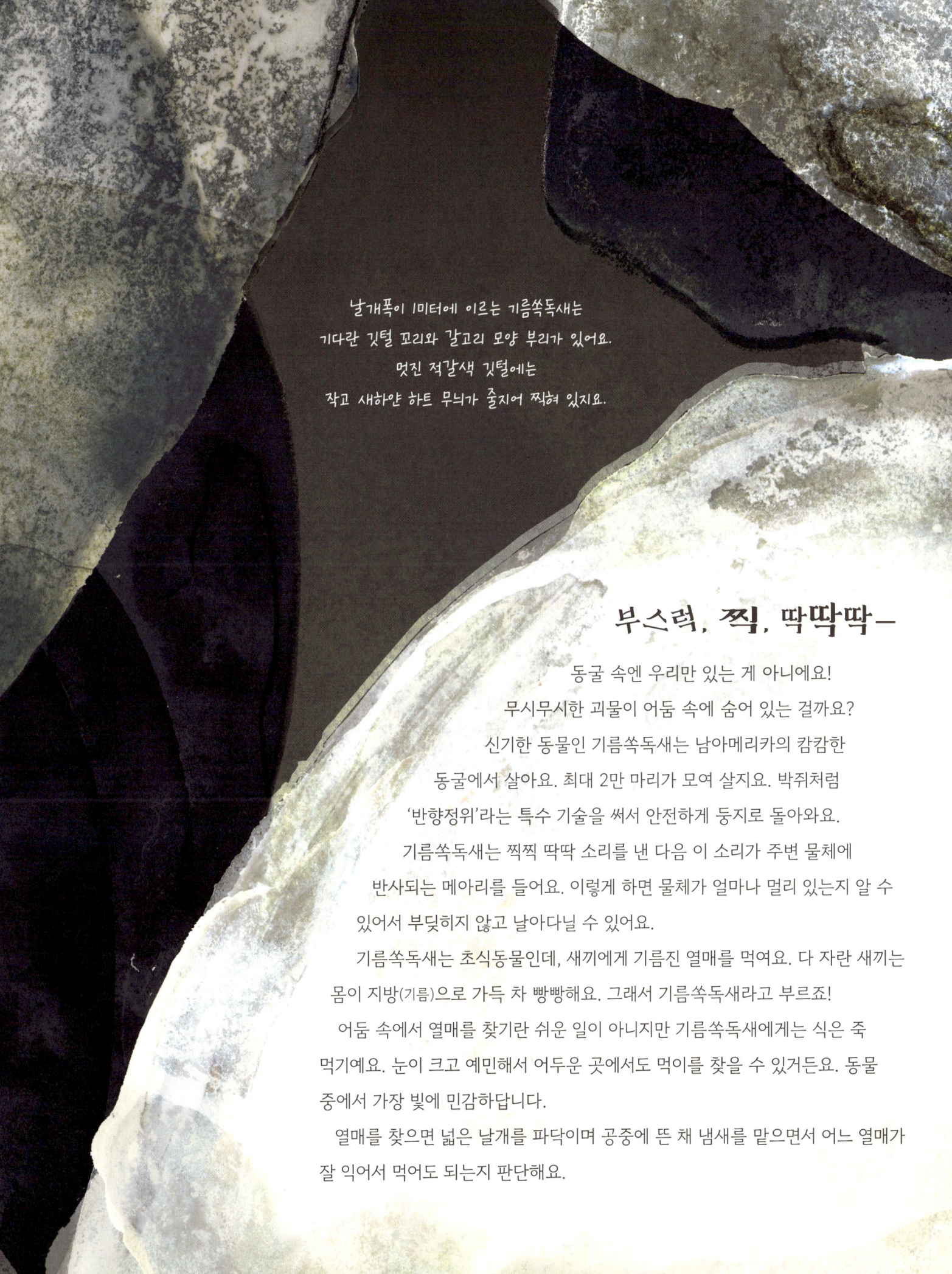

날개폭이 1미터에 이르는 기름쏙독새는
기다란 깃털 꼬리와 갈고리 모양 부리가 있어요.
멋진 적갈색 깃털에는
작고 새하얀 하트 무늬가 줄지어 찍혀 있지요.

부스럭, 찍, 딱딱딱—

동굴 속엔 우리만 있는 게 아니에요!
무시무시한 괴물이 어둠 속에 숨어 있는 걸까요?
신기한 동물인 기름쏙독새는 남아메리카의 캄캄한
동굴에서 살아요. 최대 2만 마리가 모여 살지요. 박쥐처럼
'반향정위'라는 특수 기술을 써서 안전하게 둥지로 돌아와요.
기름쏙독새는 찍찍 딱딱 소리를 낸 다음 이 소리가 주변 물체에
반사되는 메아리를 들어요. 이렇게 하면 물체가 얼마나 멀리 있는지 알 수
있어서 부딪히지 않고 날아다닐 수 있어요.
기름쏙독새는 초식동물인데, 새끼에게 기름진 열매를 먹여요. 다 자란 새끼는
몸이 지방(기름)으로 가득 차 빵빵해요. 그래서 기름쏙독새라고 부르죠!
어둠 속에서 열매를 찾기란 쉬운 일이 아니지만 기름쏙독새에게는 식은 죽
먹기예요. 눈이 크고 예민해서 어두운 곳에서도 먹이를 찾을 수 있거든요. 동물
중에서 가장 빛에 민감하답니다.
열매를 찾으면 넓은 날개를 파닥이며 공중에 뜬 채 냄새를 맡으면서 어느 열매가
잘 익어서 먹어도 되는지 판단해요.

강의 왕과 왕비

유럽과 북아메리카

해가 뉘엿뉘엿 지면 혹고니 한 쌍이 우아하게 호수 위를 미끄러져요.
나란히 물 위를 항해하며 왕국을 순찰해요. 둘 다 자신들의 영역이 어디부터 어디까지인지 정확히 알아요. 이웃 고니들이 누구인지도 알지요.

**고니들에게는 규칙이 있어요.
'선을 넘지 마. 들어왔다간 각오해!'**

고니에게 영역이 중요한 건 엄마 아빠와 새끼들에게 필요한 먹이가 전부 영역 안에 있기 때문이에요. 딴 고니가 들어와 먹이를 가로채는 건 용납할 수 없어요.

마침내 기슭 근처 큰잎부들에 가려진 둥지에 도착했어요. 위치를 깐깐하게 고른 다음 마른 줄기, 이파리, 물풀을 섞어서 평평한 둔덕 모양으로 지은 둥지예요. 커다랗고 근사하죠. 머지않아 암컷이 여기에 알을 낳을 거예요.

하지만 좋은 영역은 찾기 힘들고 다른 고니 부부가 눈독을 들이기도 해요. 그러면 수컷은 날개를 쳐들고 쉭쉭거리며 쏜살같이 침입자 쪽으로 헤엄쳐요. 고개를 숙인 채 물살을 가르며 부리로 쪼려고 자세를 취하죠.

날개를 퍼덕이고 물보라를 튀기면서 공중으로 뛰어올라요.

퍽! 퍽! 퍽!

수컷이 이겼어요. 침입자들이 달아나고 강은 다시 평온해졌어요.

라 라 라 라!

합창 연습

오스트레일리아

오스트레일리아의 이른 아침은 서늘하고 어둑해요. 아직 한낮의 황백색 햇볕이 내리쬐기 전이거든요. 눈망울이 초롱초롱한 오스트레일리아까치 무리가 나무에서 땅으로 내려와요.

다섯…… 여섯…… 일곱…… 여덟……
　　　　　　　　　　점점 많아져요.

건조한 오스트레일리아 시골을 가로질러 들판 가장자리에 있는 오래된 울타리 말뚝에 도착해요. 말뚝 주위에 둘러서서 고개를 쳐든 채 함께 노래 부르기 시작해요. 아름답게 지저귀는 노래로 해님에게 인사해요. 합창단이 따로 없네요!
　　10분이 지나자 노래가 끝나요. 해가 떠오르면 합창단은 해산하여 저마다 갈 길을 가요.

라 라 라 라!

라 라 라 라!

오스트레일리아까치는 까치와 다르게 생겼어요.
꼬리가 짧고 덩치가 크고 부리가 두툼하죠. 성미도 더 사납답니다.

여느 까치와 달리 한 쌍이 아니라 무리를 이뤄 살아요. 다 함께 새끼를 키우고, 보금자리에 침입하는 동물과 맞서 싸워요.

이른 아침 한목소리로 노래하는 광경은 서툰 합창단 같기도 하고…… 전사들이 출정가를 부르는 것 같기도 하고…… 축구 경기가 시작되기 전 관중이 함께 노래하는 것 같기도 해요.

함께 노래하면 기분이 좋답니다!

이른 아침 함께 노래하면서
그날 하루를 준비하는지도 모르죠.

라 라 라 라!

라 라 라 라!

라 라 라 라!

아빠 배는 따뜻해

남극과 남극해

온종일 매서운 바람이 휭휭 몰아쳐요. 어두운 하늘이 땅과 바다 위에 드리웠어요. 황제펭귄은 발치에 고이 놓인 알을 내려다봐요. 새끼가 알을 까고 나올 때까지 언제까지고 자리를 지킬 거예요.

황제펭귄은 지구상에서 가장 극단적인 환경으로 손꼽히는 남극에서 살아요. 이런 혹독하고 추운 곳에서 새끼를 기르려면 남다른 노력을 해야 하죠.

우선 알을 돌봐야 해요.

암컷은 알을 낳으면 잽싸게 수컷의 발치에 가져다 놔요. 그러면 수컷은 아랫배의 크고 늘어진 피부로 알을 덮어요. 늘어진 피부는 주머니처럼 생겼는데 안쪽에는 깃털이 하나도 없어요. 분홍색 맨살에는 핏줄이 많은데, 피는 펭귄의 몸속에서 늘어진 피부로 열을 실어 날라요. 덕분에 주머니는 보온병처럼 알을 따뜻하게 보호한답니다.

암컷은 수컷이 알을 고이 품은 것을 보고서 먹이를 찾으러 바다로 가요.

아빠는 두 달 내내 혼자 있어야 해요. 그동안 아무것도 먹지 못해서 몸무게가 절반가량 줄어요. 몸에 저장한 지방을 모조리 써 버리거든요.

황제펭귄은 펭귄 중에서 가장 커요. 키가 약 115센티미터까지 자라기도 해요.

알이 부화할 때가 되면 암컷이 바다에서 돌아와요. 포동포동 살이 찐 암컷은 새끼에게 줄 오징어와 물고기를 배에 넣어 두었어요.

엄마는 언제 돌아와야 하는지 어떻게 알까요?

뇌에 생체 시계가 있어서 알이 언제 부화하는지 알 수 있지요.

암컷이 새끼를 넘겨받아 자기 발치에 안전하게 두면 수컷은 먹이를 찾으러 바다로 가요. 이제 수컷이 오랜 육아로 지친 몸을 회복할 차례거든요.

아무거나 먹지 않아

전 세계

공원이 시끌벅적해요. 아이들 웃고 노는 소리, 강아지 짖는 소리, 청둥오리가 연못에서 요란하게 수다 떠는 소리가 들려요.

꽥! 꽥! 꽥! 꽥! 꽥! 꽥! 꽥!

청둥오리 수컷은 머리가 선명한 진녹색이지만
암컷은 갈색 깃털에 흰 점이 나 있고
양쪽 날개의 깃털 끝에
밝은 파란색 무늬가 있어요.

오리는 우리 주변에 살고 쉽게 볼 수 있어서 평범한 동물 같지만, 오리에게도 특별한 감각이 있답니다.

청둥오리는 여느 새처럼 눈이 머리 양옆에 있어요. 그래서 서로 다른 풍경을 한눈에 볼 수 있어요. 한쪽 눈으로 이쪽 연못 끝부터, 다른 쪽 눈으로 연못 저쪽 주위의 으슥한 풀숲까지 모두 보는 거죠. 포식자를 경계해야 하는 청둥오리에게는 꼭 필요한 능력이에요.

하지만 문제가 하나 있는데…… 청둥오리는 자신의 부리 앞쪽을 보지 못해요. 자기가 뭘 먹고 있는지 못 본다고요! 그렇다고 해서 맛있는 먹이를 찾지 못하는 건 아니에요. 촉각과 미각을 활용하거든요. 촉각 기관은 부리 끝에 있고 미각 기관인 맛봉오리는 부리 안쪽에 있어요.

청둥오리는 배가 고프면 물속에 부리를 처박고 궁둥이를 쳐들어 꼼지락거리며 부리로 물속을 더듬어요.

첨벙! 철벅!

청둥오리는 뭐든지 일단 입에 넣고 봐요. 그런 다음 먹을 수 없는 나뭇가지와 돌멩이는 뱉고 말랑말랑한 지렁이와 곤충 애벌레는 삼키죠. 먹이를 볼 순 없어도 미각 덕분에 맛있는 것만 골라 먹어요.

다음번에 공원에 가면 궁둥이를 쳐들고 있는 오리를 관찰해 보세요. 물속에서 무엇이 먹을거리인지 알아내려고 이것저것 맛보고 있을 거예요.

큰뒷부리도요는 다리가 긴 물새예요.
몸집은 비둘기보다 약간 크고 날개는 얼룩덜룩하고
부리는 살짝 위로 구부러져 있어요.

태평양 한 번에 건너기

알래스카(여름), 뉴질랜드(겨울)

잔잔한 바다가 주름진 파란색 비단처럼 펼쳐져 있어요. 큰뒷부리도요가 산들바람에 힘껏 날갯짓하며 따뜻한 기류에 올라타요. 겨울이 물러나고 여름이 황금색 팔을 뻗어 옛 친구 큰뒷부리도요에게 인사하네요.

우리처럼 새들도 살려면 먹어야 해요. 우리는 먹을 것이 떨어지면 마트에 가지만, 마트가 없는 새들은 어떻게 할까요? 큰뒷부리도요 같은 철새는 여름 보금자리와 겨울 보금자리를 왔다 갔다 해요. 그래야만 1년 내내 먹이를 구할 수 있거든요.

큰뒷부리도요는 북아메리카 알래스카에서 여름을 보내요. 나무가 자라지 않는 툰드라 평야에서 곤충을 잡아먹지요. 그러다 짝짓기 철이 끝나면 알래스카에 작별 인사를 건네고는 겨울 보금자리로 떠나요.

알래스카 근처에는 따뜻하고 안전한 보금자리가 없기 때문에, 큰뒷부리도요는 수천 킬로미터 떨어진 뉴질랜드까지 태평양을 가로질러 먼 길을 가야 해요. 제트기로 가더라도 하루가 꼬박 걸리는 아주 먼 길을 큰뒷부리도요는 한 번도 쉬지 않고 날아요. 자그마치 여드레 동안이나 말이죠!

바다에는 위치를 알려 주는 표시가 없는데 큰뒷부리도요는 어떻게 길을 찾을까요? 다행히 머리 속에 장착된 생체 내비게이션이 길을 알려 준답니다. 자연은 정말 경이로워요.

귀 밝은 사냥꾼

북유럽, 북아메리카, 아시아

겨울이 길지만 큰회색올빼미는 걱정하지 않아요. 아주 인내심 강한 사냥꾼이거든요. 큰회색올빼미가 낮은 가지에 가만히 앉아 귀를 쫑긋 세우고 노란색 눈으로 고요한 눈밭을 둘러봐요.

쌀쌀한 공중에서 눈송이가 흩날려요. 큰회색올빼미가 고개를 왼쪽으로 돌렸다 오른쪽으로 돌렸다 해요. 세상은 고요해 보이지만 그렇지 않답니다.

문득 눈 담요 밑에 숨어 있던 레밍이 움직이는 소리가 들려요. 사냥 개시! 큰회색올빼미는 레밍이 보이지 않지만 뛰어난 청력으로 정확한 위치를 알아내요. 가지에서 날아올라 조용히 허공을 가르죠.

휘이익!

순식간에 발을 눈 속에 처박아 날카로운 발톱으로 먹잇감을 움켜쥐어요. 레밍은 달아날 도리가 없어요.

큰회색올빼미의 서식처는 1년 내내 눈에 덮여
있어요. 레밍은 새하얀 눈 이불 아래 풀밭에 굴을
파고 살아요. 레밍이 어디 있는지 알아내려면
귀를 쫑긋 세우고 표면 아래서 움직이는
소리를 들어야 해요.
사람은 레밍이 어디 숨었는지 알지
못해요. 눈 속에서 움직이는 소리도 잘
듣지 못하죠. 하지만 큰회색올빼미에겐
식은 죽 먹기랍니다!
큰회색올빼미의 머리 깃털 밑에는 아주
커다란 귀가 두 개 있어서 깔때기처럼 소리가
한곳으로 모여요. 두 귓구멍의 높이가 달라서
소리가 도달하는 시간이 아주 약간 다른데,
이걸로 소리 나는 위치를 정확히 알아내죠.
얼굴 깃털은 눈 주위로 넓은 동그라미를 그리며
깔때기처럼 소리를 귀 쪽으로 보내고요.
큰회색올빼미의 듣기 능력은 누구도 따라올 수 없답니다.

올빼미 중에서 가장 커다란 큰회색올빼미는
먼 북쪽 숲의 혹독한 환경에서 살아가는 사냥의 명수예요.

어서 와, 여기 벌꿀이 있어

아프리카

벌꿀길잡이새가 가지에서 가지로 잽싸게 날아다녀요. 반가운 소식이 있나 봐요! 저 위 마을에서는 한 남자가 장작을 패고 있어요. 조그맣고 수수한 벌꿀길잡이새가 휘파람 소리를 내자 남자가 얼른 도끼를 내려놔요. 환한 얼굴로 벌꿀길잡이새를 따라 으슥한 숲속으로 들어가요.

아프리카 일부 지역에서 벌꿀길잡이새는 마을 사람들과 아주 특별한 관계를 맺고 있어요. 달콤한 꿀이 들어 있는 야생벌 둥지가 어딨는지 알려 주거든요.

야생벌은 속이 빈 나무나 땅속 구멍에 직접 만든 밀랍으로 집을 지어요.

공기 냄새를 맡아 봐요. 여러분이 1킬로미터 떨어진 벌집 안의 밀랍 냄새를 맡을 수 있다고 상상해 봐요…… 그게 벌꿀길잡이새의 놀라운 능력이죠!

벌꿀길잡이새는 부리 밑동에 콧구멍이 있는데, 콧구멍 안쪽은 밀랍 냄새를 엄청나게 잘 맡을 수 있어요.

벌꿀길잡이새는 공기 중에서 밀랍 냄새를 맡으면 냄새를 따라가 벌집을 찾아내요. 위치를 기억한 다음 누군가를 찾으려고 날아가죠.
사람을 만나면 특별한 울음소리로 이렇게 말해요.

"저를 따라오세요.
　　　　맛있는 벌집으로 모셔다드릴게요!"

꿀을 좋아하는 마을 사람들은 벌꿀길잡이새를 따라가 벌집을 따요. 그리고 벌꿀길잡이새에게 고맙다는 표시로 언제나 벌집 한 조각을 남겨 둬요.
이 신기한 협력의 비결은 사람들이 벌꿀길잡이새에게 보답으로 남겨 두는 벌집 한 조각과 벌꿀길잡이새의 뛰어난 후각 능력이랍니다.

번개같이 하늘에서
전 세계

매가 까마득히 날아올라 매섭고 초롱초롱한 눈으로 저 아래 땅 위를 둘러봐요. 비둘기를 발견하자 시선을 고정하고 날개를 접어요. 아무런 힘도 들이지 않고 무시무시한 속도로 하강하며 허공을 가르면 지평선이 순식간에 사라져요.

쐐애액!

매는 하늘에서 가장 빠른 새예요. 날갯짓할 때도 빠르지만 먹이를 향해 하강할 때는 어마어마한 속도로 떨어지죠. 비둘기도 빠르게 날기 때문에 매가 먹이를 낚아채려면 더욱 빨라야 하니까요.

멀리 있는 비둘기를 발견하려면 시력이 좋아야 해요. 매는 시력이 사람보다 훨씬 좋아서 아주 멀리 떨어진 것도 볼 수 있어요.

매가 시력이 좋은 건 눈의 구조 덕분이에요. 여러분이 이 책의 글자를 뚜렷이 볼 수 있는 건 눈알 표면 안쪽의 '중심오목'이라는 특별한 곳에 물체의 상이 맺히기 때문이에요. 눈알 뒤쪽의 이 좁은 곳에 상이 맺혔을 때 물체가 가장 밝고 선명하게 보여요.

눈알을 글자 쪽으로 움직이지 말고 고정한 채 고개를 살짝 옆으로 돌리면 글자가 흐릿해질 거예요. 물체를 똑바로 쳐다보지 않으면 상이 중심오목에 맺히지 않아서 뚜렷이 보이지 않지요.

우리는 중심오목이 눈알에 한 개씩밖에 없지만 매를 비롯한 몇몇 새는 두 개씩 있어요. 하나는 먼 것을 보고 하나는 가까운 것을 보죠. 원거리용 중심오목은 멀리 떨어진 먹잇감을 포착하는 데 써요. 망원 렌즈처럼요.

매에게는 슈퍼 줌 렌즈가 달려 있는 셈이에요!

매는 시속 300킬로미터가 넘는 속도로 하강할 수 있어요.

여우와 새

남유럽(영국과 뉴질랜드로 퍼졌음)

여러분은 아기 새예요. 이미 알껍데기를 깨뜨리고 세상으로 나간 아홉 형제자매 뒤를 이어 막내로 세상에 나왔죠. 줄무늬 공처럼 동그랗고 솜털로 폭신폭신한 몸으로 햇빛에 눈을 깜박이며 고개를 까딱거려요. 부화한 지 몇 시간밖에 안 됐지만 벌써 달릴 수 있어요!

엄마 붉은다리자고새가 앞장서요. 엄마의 가장 중요한 임무는 새끼들이 다 자랄 때까지 안전하게 지켜 주는 거예요.

엄마는 늘 주변을 경계해요. 사방에 위험이 도사리고 있거든요!

새끼 붉은다리자고새가 대열을 벗어나면 여우나 족제비나 매에게 잡아먹힐 거예요.

엄마 붉은다리자고새가 멀리 들판 끝에서 까마귀 한 마리가 날고 있는 걸 봐요. 근처에 포식자가 있다는 신호지요. 가족을 보호하려면 재빨리 행동해야 해요. 엄마는 나직이 새끼들을 불러들여요. 그런 다음 덤불 아래로 데려가 몸을 숨기죠.

붉은다리자고새 가족이 덤불 반대편으로 나오는데 그늘에서 여우 한 마리가 불쑥 나타나요! 저런, 여우는 엄마 붉은다리자고새를 몰래 지켜보고 있었어요! 하지만 키 큰 풀 사이의 새끼들을 보지는 못했어요.

엄마는 새끼들을 딴 데로 피신시킬 시간이 없어요. 다른 방법을 써야 해요. 그래서 한쪽 날개가 부러진 것처럼 옆으로 늘어뜨린 채 길바닥에 주저앉아요.

엄마는 날지 못하는 것처럼 보여요.

여우가 손쉬운 먹잇감을 잡으려고 쫓아가자 엄마는 뛰다가 주저앉았다가 하면서 점점 빠른 속도로 새끼들에게서 멀어져요. 그러다 여우가 덮치려는 찰나, 영리한 엄마 붉은다리자고새는 공중으로 솟아올라 날아가죠!

엄마가 여우를 멀리 꾀어낸 덕에 새끼들은 위험에서 벗어났어요. 풀 죽은 여우는 터덜터덜 물러나요. 엄마는 안전해진 걸 확인하고는 돌아와 새끼들을 은신처에서 불러내요. 다시 출발할 준비가 됐어요.

붉은다리자고새는 특이하게도
둥지를 두 개 지어 양쪽에 알을 낳아요.
암컷과 수컷은 각자 새끼들을 맡아 따로따로 키워요.

눈 미끄럼을 타요

북반구

겨울에 눈이 많이 내리면 부드럽고 두툼하고 새하얀 담요가 언덕과 나무와 지붕을 덮어요. 비탈진 언덕 높은 곳에 새까만 큰까마귀들이 앉아 있어요. 용감한 녀석이 앞으로 나서 언덕 아래를 둘러봐요. 하나…… 둘…… 셋…… 펄쩍 뛰어 배를 깔고 아래로 미끄럼을 타요.

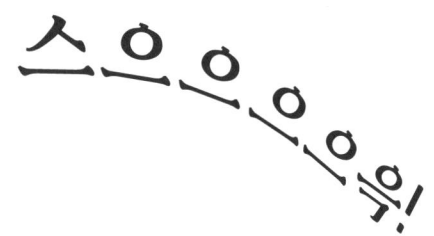

온몸이 깃털로 덮이고 부리가 두툼한 이 큰까마귀는 몇 번 구르다 다시 균형을 잡아요. 날 수도 있지만 걸어서 언덕 꼭대기로 올라가 다시 줄을 서요. 다들 미끄럼 차례를 기다리고 있어요. 왜 미끄럼을 타느냐고요? 재밌으니까요!

큰까마귀는 장난도 좋아하고 머리도 엄청나게 좋아요.

겨울에는 새들이 먹이를 찾기 힘들지만 똑똑한 큰까마귀에게 좋은 아이디어가 있어요. 큰까마귀는 사람들이 집 밖에 내놓은 쓰레기통을 찾아요. 쓰레기통 안에서 음식물 냄새가 나네요. 틈새로 부리를 쑤셔 넣자 뚜껑이 벌어져요. 다른 큰까마귀들도 몰려들어 배불리 먹어요.

사람이 기르는 큰까마귀는 개나 다람쥐나 어떤 새도 풀지 못하는 퍼즐을 풀 수 있다고 해요. 숫자를 셀 줄 아는 녀석도 있답니다.

하나…… 둘…… 셋…… 넷…… 다섯.

큰까마귀와 게임을 하려면 정신을 바짝 차려야 해요. 새 중에서 가장 똑똑한 축에 들기 때문에 여러분을 이길지도 몰라요!

큰까마귀는 붙임성이 좋아서 평생 같은 짝과 사는 경우가 많아요. 수명이 약 13년이나 아주 오랫동안 함께 사는 거죠! 겨울에는 여러 쌍이 모여 큰 무리를 이루지요.

미국오리발새는 작은 오리처럼 생겼어요.
헤엄치고 달리고 갈대와 낮은 가지에
기어오를 수 있어요.

하나, 둘, 출발!

중앙아메리카와 남아메리카

열대의 오후 햇빛에 강물이 반짝거려요. 나뭇가지가 늘어져 춤추며 잔잔히 흐르는 물결에 끄트머리를 담가요. 갈대가 딱 부러져요. 곤충들이 붕붕거려요.

작은 새가 풀숲에 숨어 있는 건 아무도 눈치채지 못했어요…….

미국오리발새는 얕은 물에서 첨벙거리며 헤엄쳐요. 이곳에서 거의 모든 시간을 보내죠. 천천히 흐르는 민물에서 헤엄치고 자맥질해요. 둥지는 강둑 옆면에 움푹 들어가 있어서 보이지 않아요.

엄마는 다른 새들과 달리 둥지에 알을 두 개만 낳아요. 알이 부화하면 아빠가 새끼를 돌봐요. 혼자서도 거뜬하답니다.

알을 깨고 나온 새끼들은 조금 있다가 헤엄치기 시작해요. 그러다 위험이 닥치면 아빠는 아주 독특한 방법으로 새끼들을 구해 내죠.

아빠의 양쪽 날개 밑에는 특수 주머니가 있어요. 위험한 낌새가 보이면 새끼를 주머니에 숨긴 다음 재빨리 날아올라 위험에서 빠져나간답니다.

아빠는 날아오르기 전에 새끼들이 단단히 매달려 있는지 점검해야 해요. 여러분의 아빠가 운전하기 전에 여러분이 안전벨트를 잘 매고 있는지 살펴보는 것처럼요. 새끼들이 주머니에 안전하게 들어 있는지 눈으로 보는 건 쉽지 않지만, 주머니 깊숙이 고이 들어 있으면 촉감으로 느낄 수 있어요. 다들 안전하다는 걸 확인했으면 머뭇거릴 필요 없어요.

이제 날아올라요!

바다에서 오징어 찾기

아남극해 남부

망망대해에서는 수평선이 아주 멀리 있는 것처럼 보여요. 커다란 배의 승무원들 눈에 바다가 높이 솟구쳤다가 가라앉는 게 보여요. 회색 파도가 솟아올랐다가 휘어지며 부서져요. 배 뒤에서는 비범해 보이는 바닷새가 날개를 힘차게 뻗고 활강하면서 부서지는 파도를 피하고 있어요. 바로 나그네앨버트로스랍니다.

앨버트로스는 오래 살아요. 예순 살까지 살기도 하죠. 암컷은 2년마다 알을 딱 하나씩만 낳아요. 엄마와 아빠는 3주씩 번갈아 알을 품으면서 새끼가 부화할 때까지 끈기 있게 기다려요.

알 품는 임무를 교대한 앨버트로스는 허기진 배를 채우기 위해 먹이를 찾아 바다로 나가요. 주로 오징어를 먹는데, 배불리 먹으려면 물 위로 수천 킬로미터를 날아야 하죠.

앨버트로스의 삶은 고달파요.

넓은 바다에서는 조그만 오징어가 잘 안 보여요. 배를 채우려면 코를 써야 해요. 나그네앨버트로스의 부리 꼭대기에는 작은 구멍이 두 개 있어요. 그 안에 앨버트로스의 코가 있죠.

오징어 냄새를 간직한 작은 향기 입자는 보이지 않는 연기 기둥처럼 바람에 실려 파도를 가로지르며 허공을 떠다녀요.

앨버트로스는 바람을 거슬러 지그재그로 날아가며 냄새를 추적해요. 오징어 냄새가 희미해지면 다시 냄새가 진해질 때까지 방향을 바꾸고, 오르락내리락하면서 냄새로 오징어를 찾아낸답니다.

이제 식사 시간이에요.

나그네앨버트로스라는 이름이 붙은 건
먹이를 찾아 엄청나게 먼 거리를 이동하기 때문이에요.
그런데 직선으로 날아가는 경우는 거의 없어요.
바다 위를 지그재그로 날며
이따금 날개 끝으로 파도를 건드리지요.

영원한 친구

중앙아메리카, 남아메리카, 아프리카

금강앵무가 가지에서 찔끔찔끔 움직여요. 가슴은 황금색, 날개는 파란색이고 눈은 단추처럼 반짝거려요. 부리를 살짝 벌리고 고개를 위아래로 까딱거리며 누군가의 시선을 사로잡으려고 기다려요.

"안녕? 안녕? 안녕, 안녕, 안녕!"

사람은 어디 사느냐에 따라 말투가 달라져요. 어릴 적에 새로운 지역으로 이사하면 새 친구들과 같은 말투를 쓰게 되죠. 그러면서 더 친해진답니다.

야생 앵무의 깩깩 소리에도 말투가 있어요. 앵무는 우리처럼 사회적 동물이어서 무리를 이뤄 살고 암수가 평생 함께 살 때도 많아요. 앵무는 40년이나 살 수 있으니까 아주 오랫동안 우정을 지키는 셈이죠. 야생에서 앵무 무리는 모든 일을 함께 한답니다.

반려 앵무는 사람과 친하게 지내요. 한 쌍의 야생 앵무처럼 특별한 우정을 쌓죠. 반려 앵무 중에는 사람의 말을 흉내 낼 줄 아는 녀석도 많아요. 큰 뇌와 큰 혀를 이용하여 낱말과 문장을 따라 하면서 사람과 더 친해져요. 말하기는 앵무에게 다른 사회에 적응하도록 도와주는 또 하나의 말투인 셈이에요.

앵무는 똑똑해서 낱말을 아주 많이 따라 하고 외울 수 있어요. 누군가 방에 들어오면 "안녕"이라고 하고, 방에서 나가면 "잘 가"라고 해요. 진짜로 말을 할 줄 아는 것 같아요.

앵무는 "안녕"이 무슨 뜻인지 진짜로 알까요? 그렇진 않아요. "안녕"이라고 하면 사람이 좋아하는 걸 보고 소리를 익혔을 뿐이에요. 그렇더라도 반려 앵무와 사람도 한 쌍의 야생 앵무처럼 평생을 함께하는 친구가 될 수 있어요.

야생 앵무는
주로 열대 우림에서 살아요.
나무에 올라갈 땐
부리를 발처럼 쓴답니다.

영국의 번식처에서 여름을 보내고
남유럽이나 아프리카의 보금자리에서 겨울을
나는 철새가 많이 있어요.

마법 나침반

유럽(여름), 아프리카(겨울)

꼬까울새가 거꾸로 놓인 삽 위에서 작은 가슴을 부풀린 채 차려 자세로 서 있어요. 계절의 변화를 알리는 바람이 불고 있어요. 가을 산들바람을 느끼며, 그리고 풀밭에 흩뿌려진 황금색 낙엽 더미를 보며, 꼬까울새는 계절이 바뀐다는 걸 알아챘어요.

꼬까울새가 보금자리를 둘러보며 명랑한 노래를 불러요.

"정원아 안녕, 다시 만나자!"

지금은 가을이에요. 영국에는 모든 꼬까울새가 겨우내 먹을 만큼 곤충이 충분하지 않아요. 그래서 어떤 꼬까울새는 먹이를 찾아 아프리카로 가야 해요.

자동차로 장거리 여행을 하려면 연료통을 가득 채워야 하듯 작은 꼬까울새도 떠나기 전에 배를 채워야 해요. 비행에는 에너지가 많이 들기 때문에, 먹이를 잔뜩 먹어서 몸에 지방을 빵빵하게 쌓아 둬야 하죠. 이 지방이 꼬까울새를 겨울 보금자리까지 데려다줄 연료랍니다.

꼬까울새는 어떻게 길을 찾을까요?

꼬까울새의 뇌 속에는 언제 평소보다 먹이를 더 많이 먹어야 하는지, 피부밑에 지방을 쌓아 둔 다음 언제 여행을 떠나야 하는지 알려 주는 '프로그램'이 들어 있어요. 이 프로그램은 어느 방향으로 며칠 동안 날아야 하는지도 알려 준답니다.

하지만 방향만 알아서는 안 돼요. 자신이 어디 있는지도 정확히 알아야 하는데, 이 일은 어두울 때만 할 수 있어요.

꼬까울새는 지구의 동서남북을 결정하는 힘인 자기장을 감지할 수 있어요. 오른쪽 눈만 가지고서 이 놀라운 능력을 발휘한답니다. 위치를 알려 줄 표시가 전혀 없어도 오른쪽 눈을 미니 나침반처럼 활용하여 어느 방향으로(겨울에는 남쪽, 여름에는 북쪽) 날아야 하는지 알 수 있어요.

시끌벅적한 바닷새 마을

북반구

무리에 생기가 넘쳐요. 사나운 바다 위쪽 절벽 가장자리에 소란스러운 주민 수백 명이 늘어서서 자리를 차지하려고 다투고 있어요. 바다오리가 날개를 요란하게 철썩거리며 짝 옆으로 비집고 들어가요. 발아래가 바다를 향해 깎아지른 듯한 절벽이라는 건 신경도 안 쓰는 것 같아요.

수컷은 암컷의 목 깃털을 부리로 오물거리며 깃털 고르기를 해 줘요. 근처에서 이웃이 반갑게 인사해요. 암컷도 까악까악 인사를 해요. 바다오리들은 함께 있기만 해도 행복하답니다.

바다오리는 높은 절벽 가장자리에 빽빽이 모여
짝짓기를 하는 놀라운 바닷새예요.

깃털 고르기는 바다오리가 깃털을 청소하는 방법이에요. 보통은 스스로 깃털을 고르지만 서로 골라 주기도 해요. 특히 자기 부리로 다듬을 수 없는 머리와 목의 깃털을 다듬어 줘요. 이렇게 하면 짝의 깃털을 늘 깨끗하게 가꿀 수 있지요.

바다오리가 서로 깃털 고르기를 하는 것은 몸을 깨끗하게 하기보다는 서로 친하게 지내기 위해서예요. 원숭이나 유인원처럼요. 서로 깃털 고르기를 해 주는 건, 짝이 깃털을 골라 주면 기분이 좋아지고 서로가 서로에게 멋진 바다오리가 되는 걸 즐기기 때문이에요. 우리가 사랑하는 사람과 끌어안으면 기분이 좋아지는 것과 비슷하죠.

바다오리는 서로 깃털 골라 주는 걸 무척 좋아해요. 해마다 절벽의 비좁은 자리로 돌아와 짝과 나란히 선 다음, 이제 깃털 고르기 시작! 바다오리는 짝의 깃털만 골라 주는 게 아니라 이웃의 깃털도 골라 줘요. 매번 같은 자리로 돌아오기 때문에 이웃끼리 아주 잘 알죠. 바다오리 이웃들은 친구처럼 서로를 도와주고 사나운 갈매기로부터 이웃의 알을 지켜 준다고 해요.

이런 우정은 평생 가기도 해요.

모든 사람과 거의 모든 새는
혀가 목구멍 쪽에 붙어 있어요.
하지만 딱따구리의 기다란 혀는
눈 바로 위쪽에서 출발하여
두개골 뒤쪽을 빙 돌아 입안으로 내려온답니다.

혀의 비밀

유럽과 북아메리카

딱! 딱! 딱! 딱따구리가 고개를 한쪽으로 기울이고서 나무줄기 위로 올라가요. 초록색 숲지붕 아래는 서늘하고 흙냄새가 나요. 딱따구리는 오래되고 뒤틀린 가지를 뛰어다니며 다시 부리를 나무에 두드려요.

딱! 딱! 딱! 딱! 딱!
"이건 내 나무야. 가까이 오지 마!"
이렇게 말하는 듯 단호하게 두드려요.

딱따구리가 먹이를 찾고 둥지를 만들고 서로 이야기 나누는 방법은 모두 나무를 쪼는 것이에요. 두개골이 무척 단단해서 이렇게 부리로 망치질을 해도 거뜬하지요. 하지만 딱따구리에게는 섬세한 면도 있답니다.

딱따구리는 곤충 애벌레를 잡아먹어요. 썩어 가는 나무에 사는 딱정벌레 애벌레를 특히 좋아해요. 이런 애벌레를 잡으려면 힘센 부리로 나뭇가지에 구멍을 뚫어야 해요.

하지만 애벌레는 잡아먹히고 싶지 않아요. 그래서 딱따구리 소리가 들리면 잽싸게 굴 안쪽으로 들어가 나뭇가지 속 보금자리에 숨어요. 하지만 딱따구리는 포기하지 않고 기발한 수법을 이용하죠.

여러분이 길고 어두운 구멍에 손을 집어넣어 구멍 속에서 복숭아처럼 말랑말랑하고 물컹물컹한 것을 감각으로 찾아내려 한다고 상상해 봐요. 보이지도 않고 냄새로도 찾을 수 없어서 손끝에 만져지는 촉감으로만 알 수 있다는 뜻이에요. 다행히도 우리의 손끝은 무척 민감해서 그 일을 해낼 수 있어요. 딱따구리의 혀도 우리의 손끝처럼 민감해서 금세 맛있는 애벌레를 찾아낼 수 있답니다.

딱따구리의 혀끝에는 마치 작살처럼 수많은 가시가 나 있어요. 덕분에 애벌레를 혀로 찔러서 구멍 밖으로 끄집어낼 수 있지요.

슬픔 속에 희망 키우기

유럽과 아시아

오목눈이는 몸무게가 설탕 한 티스푼만 한 작은 새예요.
몸통은 둥글고 꼬리는 길어요.

분홍빛, 검은빛, 흰빛이 들판에서 번득이다
번개처럼 빠르게 나무딸기 사이로 들어가 시야에서 사라져요.
덤불 안쪽은 오목눈이의 비밀 세상이에요.
오목눈이는 가시와 가지의 미로를 휙휙 통통 누비며 은녹색 돔을 향해 나아가요.
돔 입구에서 새끼 한 마리가 고개를 빼꼼 내밀었다 다시 쏙 집어넣어요.
안에서 작은 새끼 열 마리가 주둥이를 크게 벌리고서 기다려요.

"밥 주세요!"

가을과 겨울이면 오목눈이는 작은 무리를 이뤄 낮에는 먹이를 먹고 밤에는 다닥다닥 붙어 온기를
유지해요. 봄에 짝짓기 철이 시작되면 놀라운 일을 하기도 해요. 서로 새끼 기르기를 도와주는 거죠.
오목눈이의 둥지는 예뻐요. 달걀처럼 생겼는데, 지붕이 있고 옆쪽에 출입구가 뚫려 있어요. 둥지
겉면에는 이끼를 거미줄로 엮고 지의류를 덮었어요. 안쪽 면에서는 수백 개의 깃털이
엄마, 아빠, 알, 새끼를 따뜻하게 보듬어 줘요.
둥지는 잘 보이지 않도록 위장해 두었지만, 까마귀나 어치 같은 포식자가 둥지를 부술
때도 많아요. 이렇게 둥지를 잃은 한 쌍의 오목눈이는 새로 둥지를 짓기도 하지만,
번식기가 거의 끝난 때라면 다른 새를 도와주는 쪽을 선택하죠.
완전히 포기하는 것보다는 친척의 살림을 도와주는 게 나아요. 도와주는 손길이
많으면 새끼가 먹이를 더 많이 얻을 수 있으니까요. 둥지를 잃은 오목눈이는
자기 새끼를 기르진 못하지만, 친척을 도와주며 보람찬 번식기를
보낸답니다.

수염을 건드리면 위험해

유럽과 아시아(여름), 아프리카(겨울)

쏙독새가 하늘로 날아올라요. 커다랗고 새까만 눈으로 저녁 어스름에 아주 잘 볼 수 있어요. 조용히 날갯짓하며 풀밭을 가로질러 쏜살같이 내리 날아요.

색이 흐린 커다란 나방이 풀밭에서 파닥거리며 날고 있어요. 쏙독새가 한눈에 녀석을 발견하고는 주둥이를 넓게 벌리고서 길고 우아한 날개로 방향을 바꿔요.

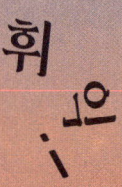

　쏙독새는 밤에 돌아다녀요. 낮에는 땅 위에 앉거나 나뭇가지의 구부러진 안쪽에 틀어박혀 잠을 자지요. 일정한 무늬가 있는 황갈색 깃털 덕분에 가만있으면 통나무와 잘 구별되지 않아요. 눈을 크게 뜨고 자세히 살펴보지 않으면 좀처럼 알아보기 힘들죠. 쏙독새는 부리가 작지만 주둥이는 엄청나게 커요. 주둥이 안쪽이 분홍색이고 부리 꼭대기에 깃털이 수염처럼 돋아 있어요. 이 수염은 아무리 미세한 촉감도 알아챌 수 있지요.
　나방이 쏙독새의 수염을 건드리기만 해도 쏙독새는 먹잇감이 가까이 있다는 걸 알 수 있어요. 그러면 즉시 부리를 벌려 나방을 낚아채요. 어두운 데다 순식간에 일어나는 일이라 여간해선 보이지 않아요.
　쏙독새는 먹잇감을 삼킨 다음 또 다른 먹잇감을 찾아 떠나요.

　어둠이 깔리면 쏙독새가 깨어 고개를 쳐들고 울음소리를 내기 시작해요. 쏙독새는 몇 가지 울음소리를 내는데, 그중에는 칼로 나무 도마를 두드리는 소리와 쏙 닮은 울음소리도 있답니다.

새의 감각

우리처럼 새들도 감각을 이용하며 살아요.

시각

독수리와 매 같은 맹금은 눈이 커서 우리보다 훨씬 멀리까지 볼 수 있어요. 쏙독새와 올빼미처럼 밤에 돌아다니는 새는 사람이 볼 수 없는 어두운 곳에서도 모습을 알아볼 수 있지요.

청각

새의 청각은 사람과 비슷해요. 상모솔새의 높고 속삭이는 듯한 소리는 못 듣는 사람도 있지만, 알락해오라기의 웅웅거리는 저음은 누구나 들을 수 있어요.

올빼미나 기름쏙독새처럼 어두운 곳에서 사는 새는 우리보다 시력과 청력이 훨씬 좋아요. 올빼미는 칠흑 같은 어둠 속에서도 생쥐나 레밍이 어디 있는지 정확히 알 수 있어요. 작은 발소리나 꼬리가 나뭇잎을 바스락 스치는 소리만 듣고도 말이죠.

촉각

새는 모두 촉각이 뛰어나요. 알을 제대로 품고 있는지, 떨어지지 않게 가지를 꽉 움켜쥐고 있는지, 깃털이 흐트러졌는지도 알 수 있죠. 깃털이 흐트러졌으면 부리로 가지런히 다듬어요.

미각

우리는 설탕에서 단맛을 느끼고 소금에서 짠맛을 느껴요. 다른 맛도 아주 잘 알죠. 우리의 혀에는 맛봉오리가 나 있어서 음식의 종류를 분간할 수 있어요. 새에게도 맛봉오리가 있어요. 우리는 맛봉오리가 혀에 나 있지만 새의 맛봉오리는 주둥이 안쪽에 있어요.

특수한 감각

새들에게는 우리에게 없고 우리가 아직도 잘 모르는 특수한 감각도 있어요.

이주

어떤 새들은 해마다 때가 되면 특정한 방향으로 먼 거리를 날아가려는 이주 충동을 느껴요. 이주를 담당하는 감각 기관은 없어요. 적어도 우리 눈에 보이지는 않아요. 새가 해마다 이주할 때 쓰는 지도와 프로그램은 뇌의 여러 부위에 퍼져 있고 여러 감각이 협력하여 작동해요.

날씨

어떤 새들은 언제 어디서 비가 내렸는지를 아주 멀리서도 알 수 있어요. 홍학은 아프리카 해안에서 겨울을 나지만 짝짓기하는 곳은 바다에서 멀리 떨어진 내륙이에요. 홍학은 비가 많이 와서 넓은 호수가 먹이로 가득할 때만 짝짓기를 할 수 있어요. 몇 주 동안 해안에서 기다리다가 어느 날 문득 내륙으로 날아가 빗물로 불어난 호수에 도착해요. 이제 먹이를 먹고 짝짓기를 하기에 안성맞춤이니까요. 홍학은 비가 내린 걸 어떻게 알았을까요?

   우리는 이런 특수 감각이 어떻게 작동하는지 정확히 알지 못해요. 하지만 새들이 흥미로운 건 우리가 모르기 때문이에요. 모르면 알아내고 싶어지니까요.

언젠가는,
새가 되면 어떤 느낌인지 정말로 알 수 있을 거예요.

글 팀 버케드

세계적으로 저명한 조류학자이며 왕립학회 회원이자 셰필드 대학교 동물학과 명예교수예요. 학생들을 잘 가르치고 『새의 감각』과 『새의 지혜』 등 어른을 위한 좋은 책을 많이 써서 여러 상을 받았어요. 런던동물학회 동물학 소통 상(2016), 진화학회 스티븐 제이 굴드 상(2018)을 받기도 했어요. 『새가 되면 어떤 기분일까?』는 팀의 첫 어린이책이에요.

그림 캐서린 레이너

웨스트요크셔 시골에서 자랐지만 에든버러 미술대학에서 그림을 공부했어요. 연필을 처음 잡았을 때부터 동물을 그렸고 거의 모든 어린이책이 동물에 대한 것이에요. 수많은 상의 후보와 최종 후보가 되었고 많은 상을 받았어요. 첫 그림책 『내 웃음 어디 갔지』(2006)로 북트러스트 그림책 신인상을 받고, 『해리스가 발을 찾아요』(2009)로 영국도서관협회에서 주는 케이트 그린어웨이 상을 받았어요.

옮김 노승영

서울대학교 영어영문학과를 졸업하고, 같은 대학원 인지과학 협동과정을 밟았어요. 컴퓨터 회사에서 번역 프로그램을 만들고, 환경 단체에서 일했지요. '내가 깨끗해질수록 세상이 더러워진다'고 생각해요. 박산호 번역가와 함께 『번역가 모모 씨의 일일』을 썼으며, 『여우와 나』, 『우리가 세상을 이해하길 멈출 때』, 『향모를 땋으며』, 『시간과 물에 대하여』, 『나무의 노래』를 비롯해 여러 권의 책을 우리말로 옮겼어요.

새가 된다는 건

2023년 4월 20일 초판 1쇄 발행
2024년 5월 10일 초판 3쇄 발행

글 팀 버케드 · **그림** 캐서린 레이너 · **옮김** 노승영
펴낸이 류지호
편집 이기선, 김희중, 곽명진 · **디자인** 최선미
펴낸 곳 원더박스 (03169) 서울시 종로구 사직로10길 17, 인왕빌딩 301호
대표전화 02-720-1202 · 팩시밀리 0303-3448-1202
출판등록 제2022-000212호(2012. 6. 27.)

ISBN 979-11-90136-98-3 73490

• 잘못된 책은 구입하신 서점에서 바꾸어 드립니다.
• 스마트폰으로 QR코드를 스캔하면 도서 목록으로 연결됩니다.
• 독자 여러분의 의견과 참여를 기다립니다.
  블로그 blog.naver.com/wonderbox13, 이메일 wonderbox13@naver.com